Colosenses

José Young

Ediciones Crecimiento Cristianno

© 1985 **Ediciones Crecimiento Cristiano**
Titulo: Colosenses
Autor: José Young
Primera edición: 1995
Esta edición actualizada: 2009
I.S.B.N. 950-9596-76-0
Clasificación: Estudio bíblico

Diseño de tapa: Ana Ruth Santacruz
Corrección: Michelle Sommerville

Impreso en los talleres de
Ediciones Crecimiento Cristiano
Córdoba 419
5903 Villa Nueva, Cba.
Argentina
oficina@edicionescc.com
www.edicionescc.com

IMPRESO EN ARGENTINA   **VE4**

Indice

Introducción

Colosas era una pequeña ciudad de poca importancia en el valle del río Licus, en lo que actualmente es Turquía. Se desarrollaba a la sombra de dos ciudades más importantes, Laodicea e Hierápolis, y actualmente de ella no quedan más que ruinas. Estaba ubicada a unos 180 km de la ciudad de Efeso.

Filemón, un residente de la ciudad, había tenido un esclavo llamado Onésimo, que escapó y huyó. En Roma conoció a Pablo y se convirtió. Más tarde, Pablo lo envió de regreso a Colosas, junto con Tíquico (Colosenses 4:7-9), con dos cartas: una para su amo Filemón (la epístola a Filemón), y otra para la iglesia de esa ciudad, que es la que vamos a estudiar ahora.

Colosas quedó grabada en la memoria de los cristianos por esta carta que Pablo escribió a su iglesia. Aparentemente en esa época la iglesia estaba amenazada por ciertas enseñanzas falsas, y la mayoría de los comentaristas están de acuerdo en que el propósito principal de Pablo era advertir a los colosenses de ese peligro. Habla muy poco del problema en sí, pero ocupa mucho tiempo en buscar la solución: un concepto adecuado de quién es Cristo, su obra, y nuestra relación con él.

El estudio no se basa en ninguna versión particular de la Biblia. Por el contrario, esperamos que usted utilice dos o más versiones en su lectura y estudio personal. Repetimos una regla básica del estudio bíblico: lea el libro completo varias veces. Esto nos ayuda a visualizar la totalidad del mensaje.

1   La preocupación de Pablo

⇨ Colosenses 1.1-14

Como en más de la mitad de sus cartas, Pablo escribe ésta con la colaboración de otra persona. Muchos piensan que tenía una lesión en la vista y, por esta razón, cuando le era posible dictaba sus cartas. Pablo sabía trabajar en equipo, y siempre había algunos hermanos que le ayudaban y recibían un entrenamiento práctico.

Cuando Lucas describe los viajes misioneros en el libro de Los Hechos, no menciona una visita de Pablo a Colosas. Al escribir esta carta, problamente Pablo estaba encarcelado (4.10).

Pero si Pablo no conocía a Colosas, es muy probable que gente de esa ciudad estuviera incluída en los mencionados en Hechos 19.9, 11. Así la iglesia puede haber nacido por medio de su testimonio.

Pablo aprendió de la situación de la iglesia de Colosas por medio de Epafras (v. 7).

Los versículos 1 y 2, que sirven de introducción y saludo, tienen una forma muy parecida a los comienzos de otras cartas de Pablo. En la mayoría de ellas, incluye en su saludo una bendición parecida a la que leemos en el versículo 2: "Que Dios les de paz y gracia".

1/ ¿Que será esa "paz" que Pablo pide para ellos? Si es la misma que la de Juan 14.27, ¿qué características tendrá?

Pablo da gracias a Dios por lo que aprendió acerca de la iglesia.

2/ En base a lo que dice Pablo,
  a/ cómo era la iglesia de Colosas?

  b/ ¿Cuál característica de ellos nos hace falta en nuestra iglesia?

Pablo afirma que tenía dos motivos de ellos que le estimulaban a dar gracias a Dios: su fe y su amor.

3/ ¿Habrá una manera de cultivar esas características, o son el resultado automático del evangelio?

Pablo afirma que era su esperanza la que les había motivado a demostrar un amor amplio.

4/ ¿Qué esperanza tenían? Busque también en 1 Pedro
   1.3-5.

Pablo aprendió de la situación de la iglesia de Colosas por
medio de Epafras (v. 7).
5/ ¿Qué aprendemos acerca de él en los siguientes
   pasajes? Colosenses 1.7, 8; 4.12, 13; Filemón 23.

Otro aspecto de esta carta, que es común a Pablo, es cómo
les cuenta acerca de sus oraciones por ellos. Pablo realmente era
un hombre de oración y, examinando sus cartas, vemos que tenía
una lista larga de personas e iglesias por las que constantemente
oraba. Esto explica, en buena parte, su poder como ministro del
evangelio.

Pablo dice que pide a Dios que tengan una comprensión am-
plia de su voluntad, con sabiduría y conocimiento espiritual.
6/ ¿Cuáles son los resultados de ese conocimiento? Haga
   una lista de ellos. (Hay por lo menos seis)

7/ ¿Qué es, realmente, una vida "fructífera" (v. 10)? Hay dos posibles respuestas.

Pablo plantea que la vida cristiana sana es el resultado del conocimiento espiritual. Sin embargo, una persona puede conocer lo que la Biblia enseña y entender cuál es la voluntad de Dios, sin tener una vida fructífera o una vida llena del poder de Dios.

8/ ¿Cuál es el problema en este caso y cuál es su solución?

La iglesia de Colosas podría esperar oposición y falsa enseñanza y, por esta razón, Pablo espera como resultado de su oración que sean "fortalecidos, para perseverar" (NVI, "fortalecidos... para tener fortaleza y paciencia". (RV)

Afirma Pablo que Dios nos hace aptos para participar en una herencia (v. 12).

También dice que hemos sido trasladados al reino de Jesucristo, es decir que somos ciudadanos del reino.

9/ ¿Qué implica ser ciudadano del reino?

Las oraciones de Pablo son modelos que nos enseñan cómo orar por las cosas que realmente cuentan: a pedir por esos cambios profundos en la vida que resulten en madurez espiritual.

Al terminar esta lección, sugerimos que se tomen un tiempo para orar. Orar como lo hacía Pablo. Cada uno piense en una persona y pida al Padre por ella. Pidan por esas cosas esenciales que den como resultado una vida fructífera, llena del poder de Dios. Y pensemos también en cómo este modelo nos puede guiar en nuestras oraciones privadas.

10/ ¿Qué motivo tiene usted, en este momento, para estar agradecido a Dios?

2   Cristología

⇨ Colosenses 1.15-23

El cristiano es primeramente, por definición bíblica, un seguidor de Jesucristo. En consecuencia, tiene que ser un "especialista" en el conocimiento de él. En los evangelios vemos su vida y escuchamos su voz. Este pasaje describe su "gloria como del unigénito del Padre" (Juan 1.14).

Si tuviéramos que seleccionar una sola palabra para resumir este pasaje, sería la palabra "relación", porque podemos ver aquí la relación que existe entre Jesucristo y Dios, el universo creado y nosotros.

1/ Veamos primero lo que dice en cuanto a la relación entre el hombre Jesús y Dios Padre.
a/ Haga una lista de lo que el pasaje dice acerca de la relación entre el Jesús de los evangelios y Dios, es decir, los datos que nos ayudan a comprender esa relación.

b/ Escriba su propia conclusión en base a los datos de este pasaje.

La palabra traducida aquí como "imagen" no significa meramente una representación de algo, sino mas bien una manifestación. Tanto el Antiguo Testamento como el Nuevo afirman que nadie ha visto jamás a Dios (1 Timoteo 6.16), pero lo vemos en Jesucristo.

2/ Busque otro pasaje en el Nuevo Testamento que repita la idea de que en Cristo vemos al Dios invisible.

El pasaje habla de varios aspectos de la relación entre Cristo y la creación.

3/ Explique las siguientes afirmaciones, tomadas de la versión NVI. Apoye su explicación con un texto bíblico donde sea posible.

a/ "... por medio de él fueron creadas todas las cosas..." (v. 16). Pero ¿qué de Génesis 1.1?

b/ "Él es anterior a todas las cosas..." (v. 17)

c/ "... todo ha sido creado... para él" (v. 16)

d/ "... por él se mantiene todo en orden..." (v. 17, DHH)

Es importante notar que Jesucristo es el creador, no solamente del universo tangible, sino también del mundo angelical y los poderes invisibles. Los términos "tronos, dominios, principados y potestades" se refieren a una jerarquía de autoridades espirituales que apenas se mencionan en la Biblia, como por ejemplo, Daniel 10.13, 20, 21.

Los Testigos de Jehová dicen que el versículo 15 comprueba que Jesús también fue creado por Dios, ya que es el "primogénito", palabra que encontramos en la versión Reina-Valera de la Biblia o la NVI.

Los siguientes versículos demuestran que la palabra "primogénito" implica más que simplemente el "primer nacido".

4/ ¿De qué manera los siguientes versículos amplian el significado de "primogénito" (usar la versión Reina-Valera)? Génesis 25.33, Éxodo 4.22 y Salmo 89.27. La respuesta se basa en el uso de la palabra en estos pasajes.

Hasta ahora el pasaje ha hablado de Jesucristo como quien revela al Padre y el creador de todo. Desde el versículo 18 en adelante, lo vemos como el que reconcilia, el que hace la paz.

No hay duda de que existe actualmente un conflicto a nivel cósmico (Romanos 8.20-22). Nada en este mundo funciona como debería.

Pero, por medio de la cruz, Cristo quebrantó la causa del conflicto, aunque la resolución final no se ve todavía.

Entendemos que, por medio de la cruz, tenemos paz con Dios (v. 23 y Romanos 5.1). Pero ¿habrá "paz" con los que rechazaron a Cristo, con los demonios y Satanás? Obviamente están incluidos entre "todas las cosas" del versículo 20.

5/ ¿Qué le parece? Apoye su posición con por lo menos un texto bíblico.

a/ ¿Cómo sería esa "paz", esa "reconciliación", entre Dios y sus enemigos?

b/ ¿Qué tiene que ver la cruz con esa "paz"?

Así como Jesucristo es el primero (o primogénito) de la primera creación, también lo es de la segunda, la nueva creación. El versículo 18 describe su relación con la nueva creación.

6/ Explique cómo la figura de Jesús, como cabeza de su iglesia, nos ayuda a comprender nuestra relación con él.

¿Notó cómo el lente de Pablo va reduciendo su enfoque a través del pasaje? Fíjese en la siguiente progresión:

- Cristo, el origen de todo
- Cristo, el reconciliador del universo
- Cristo, el reconciliador de la humanidad
- Cristo, mi reconciliador

Nosotros también éramos "enemigos" de Dios. Tal vez era una enemistad inconsciente, pero era real.

Note que el versículo 23 comienza con una afirmación acompañada de una condición ("con tal..." NVI; "pero es necesario..." (RV).

7/ ¿Cuál es la promesa y cuál la condición?

Jesucristo es el Señor, Creador de todo el universo, tanto de lo visible como lo invisible, y sabemos que todo lo creado se someterá a él a su debido tiempo. Pero nosotros tenemos *ahora* el privilegio de conocerle como nuestro Señor y, al continuar estudiando Colosenses, encontraremos muchas aplicaciones prácticas de esta verdad. Los miembros del cuerpo funcionan debidamente cuando están bien ligados a la cabeza, sintonizados a sus instrucciones. El Señorío de Cristo es algo para vivir.

3 La experiencia de Pablo

⇨ Colosenses 1.24-2.5

Pablo no conocía personalmente a la iglesia de Colosas, sin embargo, indirectamente tuvo parte en su formación, y sintió su responsabilidad hacia ella como apóstol de Jesucristo. Escribe este pasaje para compartir su preocupación y las razones de la misma.

Pablo comienza hablando de sus sufrimientos como misionero. En otras epístolas detalla esos padecimientos (por ejemplo: 2 Corintios 11.23-33), pero aquí dice que, de esta manera, comparte los sufrimientos de Cristo. De pasajes como Hebreos 7.27 y 1 Pedro 3.18, sabemos que no se refiere a los sufrimientos de la cruz, ya que ellos fueron completos y adecuados en sí.

1/ Busquemos el significado del versículo 24.

a/ ¿Qué relación tienen, entonces, los sufrimientos de Pablo y los de Cristo? Noten también Juan 15.20; Hechos 9.16; Filipenses 3.10; 2 Corintios 1.4-7.

b/ ¿Cómo puede decir Pablo que *se goza* en sufrir?

2/ Noten como en 1.24 dice que "sufre", luego en 1.29 que "lucha", nuevamente en 2.1 que "lucha duramente" por ellos. Estas expresiones implican que estuvo participando activamente en esa iglesia.

a/ ¿Cómo puede decir esto si ni siquiera los conocía personalmente? ¿De qué maneras puede haber "participado" con ellos?

b/ ¿Cómo podemos imitar este ejemplo de Pablo ahora?

Ninguna persona es una isla: todo lo que somos, hacemos o no hacemos afecta a otros. Pablo estaba muy consciente de esto. Nosotros también debemos tener la misma convicción.

3/ Además de este pasaje en Colosenses, busque 1 Corintios 12.26 y 2 Corintios 1.4, 5, y termine esta frase: "Yo no soy una isla, porque..."

Parte de la tarea de Pablo era anunciar el "misterio" de Dios (v. 26). La palabra "misterio" en el Nuevo Testamento no significa algo que no se pueda comprender, sino un secreto que ha estado encubierto. En este sentido había cosas escondidas para el antiguo pueblo de Dios que fueron reveladas con la venida de Jesucristo.

4/ En este caso, ¿cuál es ese misterio? Note también Efesios 3.1-6.

El cuadro que Pablo pinta de su obra es muy dinámico, y vemos las variadas dimensiones de su labor. Pero observamos también que trabajaba con una meta clara en su mente.

Note que las versiones RV y NVI hablan de Cristo en ustedes (v. 27), mientras que la versión DHH habla de Cristo entre ustedes.

5/ ¿Es lo mismo? Sino, ¿cuál es la diferencia?

Piense un momento es la expresión: "Cristo en ustedes".

6/ ¿Cómo lo siente usted? ¿Qué efecto debe tener en su vida?

7/ En base a todo este pasaje (1.24-2.3), ¿qué aspiraciones tenía Pablo para la iglesia en Colosas?

Supongamos que Dios pone en su camino a un creyente nuevo, un Juan o una Susana que usted deberá ayudar en su vida cristiana. ¿Qué puede, o debe hacer, usted para que crezca? ¿Qué le hace falta?

8/ Indique pasos concretos que usted puede tomar para ayudarle.

Pablo termina en 2.5 con una expresión que habla de la unidad del pueblo de Cristo. Es muy probable que yo no lo conozca a usted, sin embargo siento una preocupación profunda para que crezca. Tenemos el mismo Espíritu, somos hermanos en una misma familia. Y, aunque no estoy presente físicamente, en otro sentido estoy con su grupo de estudio. Lo que el Señor quiere es que usted y yo luchemos para presentar maduras a las personas de quienes tenemos cierta responsabilidad. Que el Señor nos ayude a ser partícipes, y no meros observadores, de su obra.

4 Nuestra relación con Cristo

⇨ Colosenses 2.6-15

Nuestra tendencia como evangélicos es expresar nuestra relación con Jesucristo en términos muy limitados: recibir a Cristo, tener fe en él, etcétera. Pero en este pasaje Pablo utiliza un lenguaje poco común para nosotros y explora algunas de las profundas dimensiones que tenemos de esta nueva vida en Cristo Jesús.

Pablo comienza describiendo la vida cristiana con dos figuras: la de una planta y la de un edificio (ver el v. 7 en más de una versión). Son figuras que encontramos varias veces en las Escrituras. Por ejemplo: Jeremías 17.5-8 habla de la planta y Efesios 2.20-22 del edificio.

1/ ¿Qué tienen en común estas dos figuras?

Pablo también nos advierte en este pasaje contra ciertos herejes, enseñadores falsos, que intentaban trastornar la iglesia de Colosas. Aun los eruditos no están de acuerdo en cuanto a la naturaleza de estas herejías; sin embargo, no es necesario que tengamos todos los detalles para comprender esta epístola. Lo importante es conocer los argumentos de Pablo, los cuales aún hoy nos sirven para la defensa del evangelio.

Hay dos expresiones en este pasaje que necesitamos aclarar:

- *Filosofía*. La palabra significa sencillamente: amor a la sabiduría. En sí misma, no es ni mala ni buena. Esa búsqueda de la verdad tiene valor o no según sus presuposiciones, sus fundamentos.
- *Rudimentos del mundo*. La expresión significa los elementos básicos, fundamentales. Aquí probablemente se refiera a los poderes mágicos, la astrología o los elementos más primitivos de la religión que han sido comunes a toda la historia de la humanidad.

2/ ¿Cuáles son los aspectos especialmente peligrosos de la amenaza?

3/ ¿Existen los mismos peligros actualmente o los nuestros son diferentes?

La versión RV comienza el versículo 9 con un "porque", es decir que es una explicación de lo anterior.

4/ ¿De qué manera los versículos 9 y 10 son una protección de la amenaza?

Comenzando con el versículo 11, Pablo describe la nueva vida en Cristo por medio de varias comparaciones.

5/ ¿Existe una relación entre la circuncisión que Pablo menciona en el versículo 11 y el bautismo en el versículo 12? ¿Hablan del mismo evento?

La mayoría no nos damos cuenta de que ambos pactos, el viejo y el nuevo, fueron sellados por la circuncisión. Entre los dos hay diferencias, pero también paralelos.

Sabemos que nuestros pecados fueron clavados con Jesús en la cruz (1 Pedro 2.24), pero en el versículo 14 Pablo dice algo diferente.

6/ ¿Qué fue clavado en la cruz? Explique.

A veces cuando estudiamos un pasaje como éste nos olvidamos que está hablando de usted y de mí. Describe los profundos cambios que Dios ha efectuado en la vida de cada hijo suyo, cambios que deben resultar en un estilo de vida diferente. Como así también el llamado de atención en el versículo 6 y la advertencia del versículo 8.

7/ ¿A qué conclusión debe llevarnos el planteo de Pablo en los versículos 11 a 14?

El pasaje termina con la figura del desfile triunfal de los conquistadores romanos. Después de la victoria en una guerra, los generales entraban a Roma con sus tropas y banderas, y con una cantidad grande de prisioneros y trofeos.

Afirma Pablo esta vez que el victorioso es Cristo. Pero ¿qué quiere decir Pablo en el versículo 15? Todavía vemos a los poderes de las tinieblas actuando.

8/ ¿Cómo entiende el versículo 15. Si es posible, indique otro pasaje bíblico que apoye su opinión.

En un sentido el evento de la cruz es simple: un hombre murió. Pero a la vez tiene implicaciones para toda la humanidad y hasta la misma creación.

Aún más razón para escuchar bien el consejo del los versículos 6 y 7.

5 El legalismo

⇨ Colosenses 2.16-23

Hasta ahora, Pablo ha combatido las ideas de los que estaban trastornando a la iglesia de Colosas. No las nombra específicamente, pero hace un claro llamado a la supremacía de Jesucristo y la necesidad de arraigarse en él, evitando ideas humanas que no estén de acuerdo con la revelación que tenemos de su persona.

Pero en este pasaje Pablo ataca las prácticas que aparecen como consecuencia de esas enseñazas erróneas. Aunque algunos detalles no son muy claros, podemos ver los rasgos generales del problema, el mismo problema que surge aún en el día de hoy en ciertos grupos cristianos.

Note cómo el pasaje comienza con un "por tanto...". Es decir, lo que Pablo afirma aquí es una consecuencia lógica de lo que había dicho anteriormente en cuanto al señorío de Jesucristo y nuestra relación con él.

De las prácticas mencionadas en el versículo 16 parece que Pablo está hablando de los judíos que intentaban mezclar el judaísmo con su nueva fe en Cristo.

1/ ¿De qué manera esas cosas son una "sombra" de lo que ha de venir?

Los comentaristas reconocen que el versículo 18 es difícil de interpretar, y se ve algo de esa dificultad en las diferencias que existen entre las versiones de la Biblia en cuanto a la traducción de este versículo.

La Nueva Biblia Española tiene la traducción más literal del versículo 18 cuando dice:

"Que no vaya a descalificaros ninguno... " (Nota 1).

2/ Descalificarlos de qué?

3/ ¿Habrá un equivalente moderno de esa clase de "culto" que describe estos versículos?

El problema de ellos, afirma Pablo, es que no se han mantenido firmes a Cristo. Se han desviado, atraídos por lo que ellos imaginan ser una espiritualidad más alta.

Llama la atención el contraste en el versículo 18: "Se hacen pasar por muy humildes", pero "se hinchan de orgullo". (DHH)

4/ ¿Es posible que una persona sea las dos cosas a la vez?

5/ ¿Por qué cosas como las que Pablo menciona (vv. 16, 21) son atractivas para muchas personas?

Desde el versículo 20, Pablo está describiendo una forma de legalismo, es decir, una vida cristiana cercada por reglas.

6/ ¿Por qué, según Pablo, tal interpretación de la vida cristiana no es válida?

7/ ¿Cómo interpreta usted el versículo 22?

Ese concepto del mundo que Pablo combate aquí (vv. 20-23) a veces lo llama "acetismo". Según el diccionario, es la "doctrina moral que impone al hombre una vida rigurosamente austera, como la renuncia a todas las cosas terrenales, la mortificación de las tendencias naturales de la sensibilidad y la lucha constante contra los instintos carnales".

8/ ¿Le parece que la forma de vida que proponen los "disidentes" es equivalente al acetismo?

Pablo afirma que tales prácticas "tienen sin duda apariencia de sabiduría...", pero "de nada sirven."

9/ ¿Qué quiere decir Pablo con esto?

10/ Busca, en el mismo pasaje, la solución a los problemas que Pablo plantea (hay por lo menos tres soluciones).

El grupo disidente de Colosas estaba preocupado por la salud espiritual de sus hermanos, y hacían bien en estarlo. Pero erraban en que no podían distinguir entre la "religiosidad" y la verdadera santidad. Imponían cosas que daban la apariencia de espiritualidad, pero que no llegaban al hombre interior, donde la verdadera santidad tiene sus raíces. En la siguiente lección, veremos cómo Pablo da su alternativa al planteo del grupo disidente.

Notas

1 - Lo que agregan las versiones NVI y RV no está en el original: "no dejen que los prive de *esta realidad*..." (NVI), "que nadie os prive de *vuestro premio*..." (RV). Son intentos para clarificar la frase.

6

Vida vieja, vida nueva

⇨ Colosenses 3.1-17

Con este capítulo, Pablo da vuelta la moneda y vemos la otra cara. La vida cristiana, la vida "santa" no tiene que ver con comidas, vestidura, abstinencia de ciertas cosas, observación rigurosa de días santos, etcétera. Éstas son cosas superficiales. Lo que Dios quiere es algo mucho más profundo. Con este pasaje, Pablo nos traza el camino hacia la verdadera santidad.

1/ **El capítulo comienza con un tono positivo en contraste con el problema del legalismo que vimos en el capítulo 2.**

    a/ **¿A qué nos exhorta Pablo en los versículos 1-4?**

    b/ **¿Cómo trasladamos esos conceptos de Pablo (vv. 1-4) a la vida real? ¿Nos insta a una vida contemplativa? ¿Hay algo aplicable aquí para la persona sumergida en diez o más horas de trabajo diario?**

Pablo comienza el capítulo hablando de la vida "resucitada" y, desde el versículo 5 en adelante, nos da una serie de pautas en cuanto a cómo vivir esa vida. Habla de cosas que deben desaparecer de nuestras vidas y de otras que deben tomar su lugar.

2/ De la lista de los versículos 5-9, ¿cuál de esas cosas le parece la más grave? ¿Por qué?

3/ De la misma lista, ¿cuál le parece la menos ofensiva? ¿Por qué?

4/ De esta lista examinaremos solamente dos de ellas en más detalle:

a/ ¿Por qué dice Pablo que la avaricia es una forma de idolatría (v. 5)?

b/ Si mentir es no decir la verdad, entonces al exagerar un hecho, mentimos. Piense en varias maneras en que, sin darnos cuenta, mentimos diariamente.

Cuando nos miramos a nosotros mismos y a nuestros hermanos con objetividad, nos damos cuenta de que estamos incluídos aquí: hay cosas en nuestra vida que deberían haber desaparecido cuando nos encontramos con Cristo Jesús. Y este hecho nos lleva a la tensión que vemos en este pasaje.

La vida cristiana *es* una continua tensión. La Palabra nos habla de nuestra nueva vida y la sentimos, pero al mismo tiempo esa misma Palabra nos sirve de espejo donde vemos que todavía existen muchas arrugas en nuestra cara. El cristiano que piensa es bien consciente del contraste entre lo que es y lo que debe ser, entre el hombre "nuevo" y el "viejo".

Por esta razón hablamos de la vida cristiana como un proceso, un proceso de maduración que nunca termina en esta vida. Estamos en camino, llegando.

5/ Entonces, si algunas de las cosas que Pablo menciona todavía están en nuestras vidas y deben desaparecer, ¿qué es "hacer morir" o "dejar" esas cosas? ¿Cómo lo hacemos? Sea muy realista.

Si bien es cierto que hay cosas que deben desaparecer de nuestras vidas, el énfasis de todo el Nuevo Testamento cae sobre los aspectos que Dios quiere formar en nosotros. Porque la vida cristiana no es un "no...", mas bien es un "sí..." Hacer énfasis en los "no" crea un vacío, mientras que los "sí" de Dios crean una nueva persona.

Tres veces en este pasaje encontramos la palabra "vestirse" o "revestirse". Primero la vemos en el versículo 10 donde Pablo habla de la nueva vida que llega a asemejarse a su Creador.

Encontramos la palabra por segunda vez en el versículo 12, donde Pablo habla de una serie de cualidades que deben ser nuestras.

Compare las cualidades de los versículos 12-15 con los frutos del Espíritu de Gálatas 5.22, 23. Note que varias cualidades aparecen en ambas listas.

6/ ¿Hasta qué punto debemos nosotros "vestirnos" de estas cosas, y hasta qué punto es el Espíritu Santo quien lo hace?

Terminamos con el versículo 16. Pablo dice que debemos instruirnos y aconsejarnos (NVI) con toda sabiduía. No es un consejo para los pastores, sino para todos.

7/ ¿Cómo hacemos esto?

Pablo repite tres veces que debemos ser agradecidos (vv. 15, 16 y 17).

8/ ¿Qué motivos personales tiene usted, aparte de haber recibido la salvación, para ser agradecido?

Note de nuevo esa gran palabra "todo" en el versículo 17. El mensaje de Cristo es tan amplio que cubre la totalidad de nuestra existencia. Nuestra relación con Cristo no puede limitarse a una parte "importante" de nuestra vida; tiene que ser el "todo".

En cierto sentido la vida cristiana es parecida a un rompecabezas. Vamos uniendo sus diferentes piezas en nuestra experiencia y, lentamente va apareciendo un cuadro. Cuando estamos llegando al final, descubrimos dos cosas: que no hay pieza que no tenga un lugar, y que el cuadro, que pensábamos que iba a ser nuestro retrato, se parece a Cristo.

¿No nos dan estos versículos razón para agradecer a nuestro Padre (vv. 16 y 17)?

7

Frente al prójimo

⇨ Colosenses 3.18-4.6

Nuestra relación con Jesucristo se manifiesta en el hogar, el aula, el taller. En este pasaje, Pablo da instrucciones específicas a varios grupos. Todos nosotros estamos incluídos en por lo menos uno de ellos. En un sentido, 3.17 es una introducción a este pasaje, porque aquí vemos cómo ponerlo en práctica.

Vamos a ver a las personas y situaciones una por una.

Esposos (3.18, 19)

No podemos separar los versículos 18 y 19 porque forman las dos caras de una sola moneda. Es conveniente comparar el versículo 19 con Efesios 5.25, que lo aclara.

1/ Explique con sus propias palabras lo que Pablo exige a
   a/ los esposos

   b/ las esposas

c/ ¿A cuál de los dos se le exige más? Explique su respuesta.

Padres e hijos (3.20, 21)

Tampoco podemos separar los versículos 20 y 21. Como en el caso anterior, crean un equilibrio. La tendencia de la sociedad romana era tratar al niño con desprecio, como si no tuviera derechos propios.

2/ ¿Le parece que lo que Pablo exige a los hijos es justo, es decir, no debe haber excepciones a esta regla? Explique su respuesta.

3/ El versículo 21 pone límites a la actuación de los padres. ¿Cómo explica usted esos límites?

Empleados

Aunque la palabra traducida "siervo" en algunas versiones de la Biblia (v. 22) significa "esclavo", los comentaristas indican que los principios que Pablo da en este pasaje se aplican también a los empleados. Casi la mitad de los artesanos y obreros del Imperio Romano eran esclavos, y no había tantas diferencias entre ellos y los obreros "libres".

4/ ¿Cómo aplicamos
a/ el versículo 22?

b/ los versículos 23 y 24?

c/ el versículo 25?

5/ ¿Qué se debe hacer si el patrón no es honesto en su negocio?

6/ Si toda la gente trabajara a la luz de lo que dice Pablo, ¿qué diferencia habría en
a/ el lugar donde usted trabaja? (Nota: para el estudiante, estudiar es su "trabajo".)

b/ el país?

Patrones (4.1)

Es muy probable que en las primeras iglesias había muchos esclavos y obreros, pero muy pocos patrones. Aun entre nosotros, no son muchas las personas que tienen empleados.

7/ ¿Cómo debe la persona con autoridad aplicar lo que dice Pablo en cuanto a hacer "lo que es justo y recto"? ¿Qué significa eso en la práctica de hoy en día?

Intercesión (4.2-4)

Pablo pasa de las relaciones específicas a las generales, de nuestras responsabilidades como padres, hijos, esposos, etcétera a dos temas que son para todo hijo de Dios. El primero es la intercesión.

8/ El versículo 2 pide tres cosas de nosotros. ¿Cómo lo aplicamos a nuestra oración personal?

Pablo no tenía reparos en pedir oración por sí mismo. Estaba bien consciente de que no podía hacer nada sin el poder de Dios actuando por medio de él.

Los de afuera (4.5, 6)

Éste es uno de los pocos pasajes en las Epístolas que tratan de nuestro testimonio hacia los de afuera, es decir, los no cristianos. Busque estos versículos, especialmente el versículo 6, en otras versiones de la Biblia.

9/ Explique con sus propias palabras estas expresiones (tomadas de la versión Reina-Valera):
    a/ "Andar sabiamente"

b/ "Redimir el tiempo"

c/ "Palabra con gracia, sazonada con sal"

El título de esta lección es "Frente al prójimo" porque nos traza pautas para la convivencia diaria, pautas para nuestra relación con la gente que nos rodea en las actividades cotidianas. Bien podemos terminar con las palabras del mismo Señor: "Si entienden estas cosas y las ponen en práctica, serán dichosos" (Juan 13.17).

8 Conclusión

⇨ Colosenses 4.7-18

En esta última parte encontramos muchos nombres —algunos conocidos, otros no— de esa red de personas con quienes Pablo trabajaba o con quienes mantenía contacto. Cuando leemos el libro de los Hechos o las cartas de Pablo, nos damos cuenta que siempre trabajaba en equipo. Nunca jugaba el papel del misionero solitario, siempre iba acompañado de los que le ayudaban y aprendían de él.

Vamos a hacer un pequeño estudio de las ocho personas que mencionan los versículos 7-14, utilizando la información que dan las referencias al pie de la página de la Biblia o de una concordancia.

1/ ¿Qué sabemos de cada una de las siguientes personas?

a/ Tíquico

b/ Onésimo

c/ Aristarco

d/ Jesús (el justo)

e/ Marcos

f/ Epafras

g/ Lucas

h/ Demas

2/ En base a estos ejemplos que hemos visto, ¿qué tienen estas personas en común para que fueran colaboradores de Pablo?

3/ Vamos a terminar haciendo un repaso global de la carta. Hemos anotado a continuación las divisiones de este estudio. Haga un resumen de cada una con las ideas principales.
   a/ 1.1-14

   b/ 1.15-23

   c/ 1.24-2.5

d/ 2.6-15

e/ 2.16-23

f/ 3.1-17

g/ 3.18-4.6

h/ 4.7-18

4/ Si es cierto, como afirman los comentaristas, que el propósito principal de Pablo al escribir esta carta era refutar ciertos errores que iban entrando en la iglesia de Colosas,

a/ ¿cuáles, aparentemente, eran el error o los errores principales?

b/ ¿Cuál fue el argumento principal de Pablo contra esos errores?

5/ Ya que ha estudiado todo el libro, ¿cuál es para usted su mensaje?

Cómo utilizar este cuaderno

Este cuaderno es una guía de estudio, es decir que su propósito es guiarle a usted para que haga su propio estudio del tema o libro de la Biblia que desarrolla este material.

El cuaderno propone un diálogo. En él introducimos el tema, sugerimos cómo proceder con la investigación, comentamos, pero también preguntamos. Los espacios en blanco después de las preguntas son para que usted anote sus respuestas.

Esperamos que por medio del diálogo le ayudemos a forjar su propia comprensión del tema. No de segunda mano, como cuando se escucha un sermón, sino como fruto de su propia lectura e investigación.

¿Cómo hacer el estudio?

1 - Antes de comenzar, ore. Pida ayuda a Dios para que le hable y le dé comprensión durante su estudio.

2 - Debe leer los pasajes bíblicos más de una vez y preguntarse: ¿Qué dice el autor? Aunque muchos utilizan la "Versión Reina-Valera" de la Biblia, conviene tener otra versión, o versiones, disponible para comparar los pasajes entre sí. La "Versión Po- pular" y la "Nueva Versión Internacional" le pueden ayudar a ver el pasaje con más claridad.

3 - Siga con la lectura de la lección. Responda lo mejor que pueda a las preguntas.

4 - Evite la tendencia de apurarse para terminar. Es mejor avanzar lentamente, pensando, preguntando, aclarando.

En grupo

El estudio personal es de mucho valor, pero se multiplican los beneficios si lo acompaña con el estudio en grupo. Un grupo de hasta ocho personas es lo ideal. Pero puede ser que, por diferentes motivos, el mismo grupo esté formado por usted y una persona más; aun así, es mejor que estudiar solo.

En realidad, este cuaderno ha sido diseñado con el motivo siguiente: estimular el estudio en células, en grupos pequeños.

La manera de hacerlo es fácil:

1 - Haga usted en forma personal una de las lecciones del cuaderno. Aun cuando pueda haber cosas que no entienda bien, haga el mayor esfuerzo posible para completar la lección.

2 - Luego reúnase con su grupo. En el grupo comparten entre todos las respuestas a cada pregunta. Puede ser que no tengan las mismas respuestas, pero, comparando entre todos, las van aclarando y corrigiendo. En este compartir semanal de una hora y media, este diálogo entre todos, se encuentra la verdadera riqueza que nos provee esta forma de estudio.

3 - Evite salirse del tema. El tiempo es oro y lo más importante es enfocar todo el esfuerzo del grupo en el tema de la lección. Luego pueden dedicar tiempo para conocerse más y tener un rato social.

4 - Participe. Todos deben participar. La riqueza del trabajo en grupo es justamente eso.

5 - Escuche. Hay una tendencia a apurar nuestras propias opiniones sin permitir que el otro termine. Vamos a aprender de cada uno, aun de los que, según nuestra opinión, estén equivocados.

6 - No domine la discusión. Puede ser que usted tenga todas las respuestas correctas, sin embargo es importante dar lugar a todos y estimular a los tímidos a participar. No se trata de sobresalir, sino de compartir aprendiendo juntos.

Si en el grupo no hay una persona con experiencia para coordinarlo, puede encontrar ayuda para dirigir un grupo en los siguientes lugares:

1 - Nuestra página web: www.edicionescc.com. La sección "Capacitación" ofrece una explicación breve del método de estudio.

2 - Las últimas páginas de nuestro catálogo ofrecen también una orientación.

3 - El cuaderno titulado "Células y otros grupos pequeños" es

un curso de capacitación para los que desean aprender a coordinar un grupo.

4 - Algunas guías que disponen de un cuaderno de sugerencias para el coordinador del grupo.

Finalmente diremos que las guías no contienen respuestas a las preguntas, ya que el cuaderno es exactamente eso: una guía, una ayuda para estimular su propio pensamiento, no un comentario ni un sermón. Le marcamos el camino, pero usted lo tiene que seguir.

Que el Señor lo acompañe en esta tarea y, si necesita ayuda, comuníquese con nosotros. Estamos para servirle.

Se terminó de imprimir en
Talleres Gráficos de
Ediciones CC
Córdoba 419 - Villa Nueva, Pcia de Córdoba
Mayo de 2014
Tirada: 100 ejemplares
IMPRESO EN ARGENTINA

www.ingramcontent.com/pod-product-compliance
Lightning Source LLC
Chambersburg PA
CBHW060627030426
42337CB00018B/3231